Poemas
para una tarde de Domingo

Ana Evelin García Contreras

Poemas para una tarde de domingo

Autor: Ana Evelin García Contreras

Poemas para una tarde de domingo

INDICE

Agradecimientos
Introducción
ESOS MOMENTOS DE INSPIRACION

AGRADECIMIENTOS

Deseo agradecer a todas las personas -familiares y amigos-, que de una u otra manera me han motivado a seguir escribiendo. Al grupo de escritores Seattle Escribe, al cual orgullosamente pertenezco, en especial a Rita Wirkala y José Luis Espinoza por su aporte y apoyo incondicional, y finalmente a Adriana Morales Marín por una bella portada y sus acertados consejos.

¡Gracias!

Ana Evelin García

Introducción

Erase una tarde de frio o de calor.
Erase un cuerpo cobijado por la luna o por el sol.
Erase un momento de infinita paz interior.
Erase un poema de profunda inspiración.
Así me dispongo a entregarte lo que sale de mi alma y de mi
corazón...

A continuación te presento una serie de poemas selectos, cortos pero consistentes, sencillos pero a la vez llenos de profundos sentimientos, cuya finalidad es la de entretenerte y de ser posible inspirarte, hacerte partícipe de lo maravilloso que se esconde en las cosas simples de la vida.

Este libro está dividido en dos partes, a saber: 1) **"Esos momentos de inspiración"**, en donde encontrarás poemas de reflexión o algunos que simplemente te harán recordar, que de vez en cuando hay que detenerse a contemplar lo que, por su simplicidad, hemos dejado de admirar. 2) **"Cuando habla el corazón"**. Poemas que evocan al más hermoso de los sentimientos: el amor, en todas sus formas y perspectivas. Poemas que te invitan a soñar.

Déjate envolver por un instante, por esa estela de emociones que inunda el ambiente, en donde solo somos tú, con tu corazón abierto y yo, con mi inspiración desbordada. Juntos pasaremos la más bella tarde de domingo, martes, jueves o sábado, te dejo a ti la elección del momento porque sé que cualquier momento será el mejor momento.

¡Gracias infinitas!

Ana Evelin García

ESOS MOMENTOS DE INSPIRACION

Si yo fuera la naturaleza

Si yo fuera la naturaleza,
mis emociones serían las olas del mar,
a veces de pie a veces de cabeza,
nunca en el mismo lugar.

Si yo fuera la naturaleza,
mis pensamientos serían el lugar,
donde no hubiera una sombra de tristeza,
porque en la vida lo mejor es jugar.

Si yo fuera la naturaleza,
mi alma como ave se atrevería a volar,
invadiendo el mundo con su belleza,
y desde adentro a tu vida inspirar.

Si yo fuera la naturaleza,
mi corazón sería el sol que sale a brillar,
iluminando con sutileza,
a todo ser que necesite su vida consolar.

Y de pronto...

Y de pronto me volví poeta,
tratando de enriquecer una vida tan escueta,
me vi describiendo todo incluso tu silueta,
e inventando frases tan profundas cual profeta.

No me preguntes como fue,
ni yo misma encuentro el por qué,
solo sé que mi vida llené,
de pensamientos sublimes que nunca imaginé.

Solo contar mis historias quería,
tratando de alejarme de la melancolía,
sin pensar que cada relato tendría,
un poco de la vida de quien lo leería.

Y si por azar con alguna te has identificado,
es por demás obvio que a todos nos han pasado,
situaciones similares que a veces nos han agobiado,
y por las cuales nos sentimos desafortunados.

Ahora pensemos por un momento,
que si no somos los únicos con un tormento,
de cambiar por completo estamos a tiempo,
esa triste historia y darle un final feliz al cuento.

Con los ojos cerrados

Puedo llegar a lugares no imaginados,
cabalgar desnuda contra el viento,
navegar por océanos lejanos
o en una máquina volver en el tiempo.

Puedo recuperar momentos olvidados,
crear un oasis en el desierto,
encontrar tesoros que estuvieron guardados
o como Don Quijote pelear con molinos de viento.

Puedo ser el dragón que lanza fuego
o el hada madrina del cuento.
Puedo dormirme y dejar todo para luego
o puedo elegir seguir en el intento.

Puedo vivir en un mundo apartado
o apartarme de lo que no es bueno.
Puedo hacer lo que quiera con los ojos cerrados
y vivir como todos en un mundo pleno.

¿Dónde está tu corona?

¿Quién te crees cuando sueñas?,
¿dónde está tu castillo de cristal;
¿por qué piensa que no eres dueña
de una sola rosa, sino de todo el rosal?

¿Dónde está ese país muy, muy lejano
al que en tu mente crees pertenecer?;
¿por qué nunca le das la mano
a quien con humildad la sabe merecer?

¿Dónde está ese reino de fantasía
que te tiene fuera de este mundo?;
no ves que es solo una utopía,
y para que caiga no tomará ni un segundo.

Y el camino sigue...

De aquel tonto corazón solo un recuerdo debería quedar,
con tanto camino recorrido y aun pensando que no ha llegado
a ningún lugar.

No se necesita tanto para darse cuenta que ya nada es igual,
entonces cómo quitarle la venda y esa inútil coraza penetrar.

El exceso de equipaje sigue pesando al caminar,
es necesaria la ayuda de otra mano para la carga aliviar.

La mariposa dejó su capullo hace mucho tiempo atrás,
ha extendido sus alas pero se niega a echar a volar.

Muchos viajes internos, muchos retos por superar,
complicándome la existencia hasta con la cosa mas trivial.

No analices, no investigues, solo déjate llevar,
todo tiene un lado bueno, se lo tienes que encontrar.

Hasta aquel momento justo se aleja más y más,
pues siempre se llega a un punto donde hay que volver a
empezar.

Con las fuerzas casi perdidas y a punto de renunciar,
vuelve esa luz a envolverme y me empuja a continuar.

Caigo una y otra vez y me vuelvo a levantar,
lo importante es seguir en la batalla hasta llegar al final.

Una en un millón

Unos llegan y otros se van,
a través de los tiempos,
miles de historias que contar,
y la mía solo es una más.

Yo no puedo hablar por los demás,
pero a esta vida vine a parar,
a veces confundiendo mi andar
tratando de encontrar un lugar.

Y ese don que llegó a mí en una tibia mañana,
y que ahora hace al mundo testigo fiel de lo que guarda mi
alma,
tratando de descargar todo lo que me roba la calma,
al final es reflejo de tanta historia guardada.

Y sin querer escudarme en una falsa modestia,
le doy gracias a Dios por poder expresar,
lo que muchos quisieran gritar,
y no encuentran la palabra ideal.

Mi historia como la tuya es una en un millón,
pero no por eso de poca importancia,
porque puede ser fuente de inspiración,
para aquellos que nos miran a la distancia.

Y mi corazón rebosa de alegría,
cada vez que alguien suspira,
y con mis palabras sencillas,
llena un poquito su vida.

Bajo la lluvia

Cuando tengo ganas de llorar,
cuando siento que todo va mal,
cuando la razón no me deja pensar,
mi mejor consuelo es bajo la lluvia caminar.

Cuando las penas me agobian,
cuando la mirada se me nubla,
cuando siento que todo me perturba,
lo mejor es caminar bajo la lluvia.

Cuando ni un consejo me hace razonar,
cuando no puedo ver más allá,
cuando una lágrima se quiere escapar,
solo la lluvia me la hace disimular.

Caminar bajo la lluvia todo lo puede curar,
las lágrimas diluye sin parar,
la mente no tiene tiempo de razonar,
y los latidos vuelven su ritmo a tomar.

Será porque su calma me da consuelo,
será porque viene del cielo,
será porque la manda un ser Supremo,
lo cierto es que me llena por completo.

Ritual

Cierro los ojos para ver en mi interior,
levanto mis manos en señal de clamor,
respiro profundo ahogando el dolor,
y abro mi corazón para llenarlo de amor.

Busco por dentro un mejor camino,
me sumerjo hasta el fondo de ese laberinto,
pretendo encontrar sentido a mi destino,
y a veces me pierdo en un camino distinto.

Soy incansable en mi búsqueda eterna,
por eso recorro hasta el último rincón,
reprochándome a veces sin compasión,
pero volviendo a tomar la ruta correcta.

Estoy segura que este viaje interno no miente,
aunque lo que encuentre duela muy fuerte,
me ayuda a entender lo que el corazón siente,
y me libera y prepara para el paso siguiente.

Mis manos se mueven al ritmo de los pensamientos,
armoniosas cual romántica canción,
buscando sentido a los sentimientos,
y afirmando que el viaje cumplió su misión.

En perfecta simetría... ¡No!

Cómo envidio a la gente que se sabe relajar,
que va por la vida sin temor a la oscuridad,
¿Por qué en mi mundo todo debe armonizar?
¡Eso no está bien! Permítanme lo voy a acomodar.

No quiero pasarme el tiempo organizando la vida,
quiero soltarme el pelo sin importar lo que digan,
no usar maquillaje y aun así verme linda,
caminar sin rumbo sin que nada me lo impida.

Que no me importe si la Torre de Pisa se está cayendo,
que si la bella Venecia de pronto se está hundiendo,
o si el calendario Maya resultó incompleto,
quiero un espíritu libre por fuera y por dentro.

No quiero arreglar al mundo, eso es de todos un reto,
solo quiero sentir cómo el viento mueve mi pelo.
con Dios toparme de frente en un mágico encuentro,
despegar los pies de la tierra y llegar hasta el cielo.

Si hay arriba, hay abajo; si hay blanco, hay negro,
como todos sabemos, siempre hay un lado opuesto,
pero a mí no me importa si todo es perfecto,
yo ya no quiero vivir en un mundo simétrico.

Aprender a desaprender

Como imagen viva de algo que nunca he sido,
caminando un camino que no era el mío,
sin siquiera aprender a aceptar lo vivido,
el tiempo ha pasado igual que pasa un río.

Confundiendo tranquilidad con hastío,
aprendí a no decir las cosas que siento,
sin pensar que un futuro sombrío,
me alejaría de muchos bellos momentos.

Como un caminante solitario y sin rumbo,
aparentando ser feliz sin realmente serlo,
podría pasarme la vida recorriendo el mundo,
y tener todo a mis pies sin que mis ojos pudieran verlo.

Y ahora queriendo desaprender lo aprendido,
me veo descifrando mi eterna encrucijada,
intentando como siempre encontrarle sentido,
en lugar de hacer de la vida una enorme carcajada.

¿Quién me enseña cómo hacer,
para disfrutar mejor de este viaje?,
a veces quisiera volver a nacer,
y no preocuparme por llevar equipaje.

Quiero aceptar mi historia tal como ha sido,
cambiar todo lo que haya que cambiar,
que alguien me diga como desaprender lo aprendido,
y encontrar quien me acompañe en este nuevo caminar.

El Cisne

Belleza imponente,
porte y elegancia,
así frente a la gente
proyectando toda su gracia.

Antes era diferente,
en realidad era una falacia,
todo estaba en su mente,
a nada daba importancia.

En el agua veía su reflejo,
una imagen distorsionada,
pero al verse al espejo,
aquella imagen cambiaba.

Nadando contra corriente,
buscaba ser aceptado,
sintiéndose diferente
vivía siempre apartado.

De nuevo solo en su mente,
sus pensamientos lo limitaban
alejándose de la gente
que según él lo ignoraba.

Un mundo mejor

Quiero vivir en un mundo mejor,
ser propulsor de libertad y comprensión,
brillar con la luna y emanar resplandor,
llenando los corazones de ilusión.

Quiero forjar un futuro mejor,
ver a los niños jugar sin temor,
ser pasajera del tren del amor,
atravesar esos campos de maíz en flor.

Quiero invitarte a cambiar el rencor,
por una sonrisa salida del corazón;
ser guía de ovejas como aquel buen pastor,
y que todos me sigan con convicción.

Quiero cultivar los campos,
llenarlos con semillas de alegría,
cosechar mejores sentimientos,
y recoger la cosecha día a día.

Quiero respirar aire limpio,
y que se acabe la polución,
beber cristalina agua de rio,
decir adiós a la contaminación.

Quiero verdes bosques alrededor,
azules mares para navegar,
un cielo limpio con nubes de algodón,
y ver muchas aves en él volar.

Quiero volver a escuchar,
el canto del gallo al despertar,
sin faltar las aves que con su trinar,
inventan melodías que hacen soñar.

Quiero descalza poder caminar,
por este camino sin descansar,
si al final del día habré de llegar,
al mundo que quiero con tu ayuda cambiar.

Que la violencia pare de matar,
la inocencia de la humanidad,
que la conciencia vuelva a reinar,
y que vivamos con hermandad.

Suele pasar...

Que un momento fugaz
le da un nuevo brío a tu mundo,
que cuando ya te crees incapaz
una luz penetra profundo.

Que el día amanece nublado
y sin embargo el sol brilla por dentro,
que aunque no haya nadie a tu lado,
tu corazón late contento.

Que por fuerte que sea la tormenta
la calma llegara de igual manera,
que para poder volar una cometa
no hay que esperar la primavera.

Que aunque la nostalgia invade tu pecho,
entre tantos recuerdos guardados,
la alegría se vive en el hecho
de atesorarlos como bellos regalos.

Que intentas vivir día a día
pretendiendo alejar los problemas,
que prefieres fingir alegría
a admitir que te matan de pena.

Que muestras al exterior tu sonrisa
guardando por dentro con fuerza,
toda pena, todo agobio, toda prisa,
olvidando que es parte de tu naturaleza.

Que andando con todos por el camino
te atrapa la velocidad de la vida,
olvidando el contacto divino
que te impida viajar a la deriva.

Que en la búsqueda de tu propio ser,
te encuentres con muchos reflejos,
que antes te negabas a ver,
y que ahora te sirvan de espejos.

Que intentando vivir tu propia historia,
no veas a quien tienes por vecino,
tal vez sea bueno tener en la memoria
que podría ser quien te haga más agradable el camino.

Que te subes a un pedestal
creyendo que estas por encima,
olvidando que no puedes volar
y que más fuerte será la caída.

Que te pasas la vida buscando
una felicidad por la sociedad inventada,
que la encuentras y sigues dudando
que sea la felicidad que buscabas.

Que caminas por la vida sin rumbo,
con muchas expectativas pero con pocas metas,
que tratas de alcanzarlas dando tumbos,
pero se pierden en el firmamento como cometas.

Que te sientes a veces perdido,
creyendo que ya no puedes más,
y en el momento que te crees hundido,
un coro de ángeles te viene a cantar.

Solo digo que suele pasar...
muchas yo ya las he vivido,
y el mundo no dejara de girar,
pues bueno o malo, todo le da sentido.

No menos que ángeles

Hasta cuándo he de enterarme
que no hay necesidad de ir al cielo,
que aquí han venido a buscarme
para ayudarme a alzar el vuelo.

Uno a uno han ido llegando
como para no asustarme,
muchas cosas me están enseñando,
inclusive a cómo amarme.

Vienen en formas muy variadas,
pero con una sola misión,
que me entere de las cosas
que se guardan en el corazón.

Me siento por demás privilegiada,
no lo esperaba y debo reconocer
que mi vida esta tan cambiada,
y no tengo palabras para agradecer.

Hoy comprendo lo que pasa,
antes no lo podía ver,
muchos ángeles en mi casa,
la vida me han venido a devolver.

En silencio

En silencio me he quejado de mi suerte,
mis pensamientos me suelen traicionar;
siempre aparentando ser fuerte,
y por dentro todo mi ser se siente doblegar.

En silencio mis más hondos sentimientos
se reprimen, se detienen y no quieren aflorar,
y de nuevo me quedo sin aliento
intentando inútilmente dejarlos escapar.

En silencio con las manos extendidas
miro al cielo pretendiendo reclamar,
y no es cuestión de fe perdida
es mi cuerpo suplicante nada más.

En silencio me detengo y me pongo a meditar,
soy la única responsable si por dentro quiero paz.
Con la calma necesaria, en silencio vuelvo a respirar,
me digo esto a nadie atañe y me contengo una vez más.

En silencio poco a poco vuelve la serenidad,
ha pasado la tormenta que me hacia desvariar,
ya mi mente se despeja, ya volvió la claridad,
y me dice que en silencio la respuesta ha de llegar.

Un destello de luz

Siento cómo una luz me envuelve,
siento cómo ilumina mi oscuridad,
por más que cierre los ojos muy fuerte
esa luz resplandece más y más.

Siento que mi pecho se llena,
una energía lo penetra sin parar,
es esa energía que me lleva
a querer como una cometa volar.

Siento mi cuerpo flotando,
tengo esa sensación de libertad,
esa que todo el tiempo ando buscando,
y que me llega cuando no la busco más.

Siento ese deseo inmenso
de compartir mi luz con los demás,
aunque solo se trate de un destello,
igual será capaz de iluminar.

Quítame la venda

Déjame enterarme Señor,
qué es lo que pasa en mi mundo,
que todo cambia a mi alrededor,
permíteme verlo aunque sea un segundo.

Quítame la venda por favor,
deja que vea lo que está pasando,
permite que reciba con amor
todo eso que a mi vida está llegando.

Ábreme los ojos a la luz,
deja que penetre a mi interior,
no dejes que siga con mi cruz,
que esa luz llene mi corazón.

Quítame la venda te lo pido,
ábreme los ojos a la vida,
deja que no solo sea testigo,
permite que la viva día a día.

Ilusión

Y yo que pretendía ser luz en tu camino,
ahora me doy cuenta lo difícil que resulta,
iluminar a los demás para llegar a su destino,
si ni siquiera se dejar que pase por mi puerta.

Y yo que esperaba ser tu fuerza,
me siento como débil hoja al viento,
pero servir es parte de mi naturaleza,
y haré lo que pueda o moriré en el intento.

Y yo que intentaba ser tu ejemplo,
ahora no quiero que sigas mis huellas,
con tantos errores a través del tiempo,
prefiero que pases de largo sobre ellas.

Y yo que anhelaba ser tu aliento,
pero el cansancio también me está venciendo;
de tanto dejar pasar el tiempo,
mis pies como en un pantano se están hundiendo.

Y yo que tenía la ilusión
de ser la luz que alumbrará tu alma,
ni siquiera entiendo a mi propio corazón,
tú dime cómo recuperar la calma.

Detrás de la puerta

El mundo se mueve distinto detrás de la puerta,
afuera se queda el bullicio y la vida revuelta,
que pasen de largo las malas influencias,
aquí no cabe la maldad de la gente inquieta.

Un aire limpio y puro detrás de la puerta,
con suavidad de brisa me llena completa,
con frescor del rocío que nace en la huerta,
ilumina mi cara en armonía perfecta.

La magia se siente detrás de la puerta,
cuerpo, alma, corazón y la mente dispuesta,
que la imaginación sea libre y haga lo que quiera,
que guarde recato el que se queda afuera.

Todo puede pasar detrás de la puerta,
soy libre de soñar o estar bien despierta,
mi mente dejar volar o quedarme muy quieta,
ver la vida pasar o participar en ella.

Soy libre de buscar o no una respuesta,
mis dudas disipar o dejarlas que sean,
a quién le puede importar que sigan revueltas,
es mi mundo el que está detrás de la puerta.

Basta ya de sueños mutilados

Por la carretera de la vida,
transitando entre la muchedumbre,
como ciega voy perdida,
intentando que nada me derrumbe.

Por la vía hacia la rutina,
que se vuelve un círculo vicioso,
hasta la música me lastima,
y vuelve mi trabajo infructuoso.

Notas de piano martillando mis sienes,
se disuelven mis pensamientos,
dime sueño ¿de dónde vienes?
creí tenerte desde hace tiempo.

Sueños reales y no utopías,
siempre he querido alcanzar,
¿Será que me bastará la vida
para alguno de ellos disfrutar?

Que aquellos sueños pasados,
 los que nunca verán el futuro,
se queden en el baúl guardados
y les den paso a los seguros.

Yo ya siento el mío muy cerca,
como manjar, está en su punto;
el sueño que me mantiene despierta
casi roza mis manos y yo sonrío de gusto.

Que la cara sin parar lo demuestre,
que el corazón hable a través de una sonrisa;
que a la boca platicarlo no le cueste,
y que este sueño por acabar no tenga prisa.

Que se quede ahí sentado
el que no quiera avanzar,
basta ya de sueños mutilados,
si no eres tú, alguien más se atreverá.

Lindo día

El día pinta muy bello
a través de la ventana,
el sol prodigando destellos,
llevando calor a mi alma.

Afuera oigo aves trinando,
para hacer más dulce la mañana,
cierro los ojos para seguir escuchando,
oigo como la vida me llama.

Aquí dentro todo es calma,
la serenidad impera,
no me puedo quedar sentada,
afuera la vida me espera.

En el jardín

Los colores se desprenden de las flores
iluminan todo, no hay oscuridad.
invaden el mundo antes lleno de temores,
liberándolo de rencores, de maldad.

Los aromas representan los amores,
como plaga inundan la inmensidad,
se prodigan a manos llenas, por montones,
hay de aquel que los deje escapar.

El rocío cubre los alrededores,
con frescura para libres respirar,
de alegría llena los pulmones,
disolviendo la tristeza al exhalar.

Tierra fresca sembrada de ilusiones,
abonada con trocitos de cordialidad,
regada con una dosis de emociones,
preparando una cosecha de prosperidad.

Se ilumina el rostro con colores,
la mirada brilla de felicidad,
en ese jardín se olvidan los dolores
ahí la vida es vida de verdad.

Mariposa

¿Mariposa dónde estás,
en dónde perdiste tu vuelo?
trata de no volver a escapar,
a la vida debes el intento.

Mariposa no te pierdas,
olvida tu vida pasada,
recobra tus alas de pureza,
fue un antes que ahora se acaba.

Oruga te llamaban,
sin pensar que tu belleza
inmediatamente después llegaba,
se tuvieron que callar ante tu naturaleza.

Mariposa deja atrás,
aquella oruga olvidada,
aquella que se transformo
en princesa de cuento de hadas.

Me siento viva

No se que tiene este día,
afuera todo parece normal,
a veces siento que vuelvo a la vida,
y me da por quererlo cantar.

Por la calle voy caminando,
me maravilla ver el sol alumbrar,
mis pupilas está penetrando,
esa energía se mete más y más.

Es uno de esos momentos
que hasta mi aura siento irradiar,
una fuerza me mueve por dentro,
y que estoy viva quiero gritar.

Afuera se vuelve a nublar
pero mi corazón sigue contento,
son matices de felicidad,
y el brillo me sigue invadiendo.

Cuánto durará este encuentro,
no creo que me deba importar,
aunque sea tan solo un momento,
ese momento quiero disfrutar.

Hoy particularmente

Hoy me siento poderosa,
solo extiendo mis manos
y la vida me las llena
de cosas hermosas.

Hoy me siento afortunada,
presiento que el universo
aun tiene muchas cosas
para mí guardadas.

Hoy una fuerza me acompaña,
puedo librar muchas batallas,
llenar de flores las murallas
y no pensar en el mañana.

Hoy el sol gira a mi alrededor,
La estela del cometa soy yo,
la luna no esparce su fulgor
si no le doy mi aprobación.

Hoy tengo todo el poder,
de hacer al otoño florecer,
en primavera dejar las hojas caer
y cambiar todo de nuevo al amanecer.

Hoy la vida me llena de cosas hermosas,
hoy extiendo mis manos para agradecerlas todas.

Princesa de papel

Caminando entre páginas blancas,
observando todo a su alrededor
sobre huellas que otros dejaban
la princesa caminaba sin temor.

Con su hilito de tinta hilvanaba
cada paso soportando el dolor,
una a una las letras bordaba
escribiendo historias de amor.

Sumergiéndose en su vida pasada
algunos detalles sin duda borró,
y otros tantos que la agobiaban
con ternura y amor abrazó.

Escribe y escribe su historia,
a veces queriendo saber
por qué con tanta euforia
su corazón se volvía a perder.

Ahora escribiendo poemas,
vive en su reino de papel,
pretendiendo disimular las penas
que ajenas ya no pueden ser.

Ser o estar

Los días pasan y no vuelven a pasar,
el mundo gira y nunca va a parar,
gente que llega y gente que se va,
y yo perdiendo el tiempo queriendo descifrar
cómo puedo ser, pues no solo quiero estar.

Estoy aquí, con todos en un plano terrenal,
con los pies en la tierra y la mente en otro lugar,
divagando sobre todo, sin ninguna claridad,
escribiendo y pensando como dejar de pensar,
intentando alcanzar otro plano dimensional.

Amanece y anochece con la misma oscuridad,
y no tengo la conciencia que ya pasó un día más.
y así día tras día la vida voy dejando pasar.
mostrando apariencias de ser, cuando solo se estar.

Qué pasó el resto del día, me suelo preguntar,
quién con falta de conciencia se atreve a solo estar,
siempre he sido yo, pero ahora intentando cambiar,
pues se por experiencia que hay mucha diferencia entre ser y
estar.

Volver a empezar

Viejas historias no vuelvan más,
viejos recuerdos quédense atrás,
gente que llega de manera fugaz,
con amor los dejo para que lo hagan igual.

Mi corazón tanto no puede albergar,
mi alma suficientemente llena está,
la mente no quiere pensar más,
y las lágrimas cansadas de brotar.

La vida es y siempre será,
un cúmulo de historias por contar,
historias tuyas, historias mías,
historias de todos lo demás,
historias que deben en el pasado quedar.

Es un círculo que nunca va a parar,
nos subimos, nos bajamos y volvemos a empezar,
la belleza es que nos da la oportunidad,
de elegir en qué momento nos queremos encontrar,
y así errores o aciertos son nuestros, de nadie más.

Por eso en este momento, elijo una vez más,
fijar mi mirada hacia adelante y caminar
con la mente y el corazón vacios para volverlos a llenar,
con la nueva historia que está por comenzar.

Alas rotas

¿Hasta dónde he de llegar,
tratando de alzar el vuelo?
La inspiración no se puede forzar,
solo llega cuando no la espero.

A veces fluye como manantial,
escapándose hasta por el suelo,
a veces no se deja atrapar
y me deja solo con el deseo.

Me corta las alas,
no me da libertad,
soy un ave sin bandada,
soy un alma en soledad.

¿Hasta dónde he de llegar,
intentando curar mis alas?
No importa pues al final
es una soledad inspirada.

¿Dónde están mis alas?

A mi paso siempre están,
creen que no me doy cuenta,
los veo siempre volar,
se acercan de manera discreta.

Y yo que los quiero imitar,
pensando que nada cuesta,
unas alas me puse a buscar,
me creí ángel, ¡qué tristeza!.

Un día aquellas alas encontré,
alguien las había dejado caer,
rápidamente me acerqué,
y orgullosa me las quise poner.

Pero no era yo su dueña,
alguien más las habría de tener,
me dispuse a devolverlas,
mi mente no lo quería entender

¿Cómo osas suplantarme?
¿Qué pretendes con tu acción?
con humildad las devuelvo,
¡pero mis propias alas quiero yo!.

¿Pinos o palmeras?

El frio calando hasta los huesos,
el cielo en un tono rojizo,
la nieve posada en los techos,
así amaneció el día del solsticio.

Humo saliendo de las chimeneas,
una taza de chocolate humeando,
el corazón que recorrió fronteras,
de soledad se está acongojando.

La leña consumiendo momentos,
en un invierno apenas llegando,
pero que está lleno de recuerdos,
que poco a poco se están quemando.

Y yo aquí al calor de la hoguera,
con la soledad que me está matando,
me pregunto si entre pinos o palmeras
mi corazón se sentirá menos solitario.

Pero hay algo a lo que él se aferra,
algo que me mantiene buscando,
los sueños que no encontré en mi tierra,
esta tierra me los está regalando.

Y el mundo sigue girando

Camino por la calle en un día soleado,
lleno mis pulmones con aire renovado,
veo las flores silvestres al paisaje adornando,
los frondosos árboles en un ambiente aromado,
... y el mundo sigue girando

Me sumerjo en mi nostalgia de recuerdos guardados,
me aferro a mis pensamientos de momentos pasados,
araño el aire intentando recuperar sueños dorados,
imagino instantes con familiares que ya nos han dejado,
... y el mundo sigue girando.

La alegría se apodera de mí en un día de verano,
mis ojos suelen brillar si el sol los está penetrando,
la brisa con sutil suavidad me encuentra soñando,
la cara no puede ocultar que algo por dentro está pasando,
... y el mundo sigue girando.

La soledad no logra ser mi amiga, me está matando,
se pasan las horas, se pasan los días sin pensarlo,
momentos y más momentos felices desperdiciados,
excusas y más excusas para intentar disimularlos,
... y el mundo sigue girando.

La vida es un carrusel de días buenos y días malos,
de altos y bajos que debemos ir sorteando,
hay colores, hay tonalidades, es un mundo matizado,
positivo y negativo debemos abrazarlo,
          Pues lo veamos como lo veamos, el mundo seguirá
girando.

A veces me pregunto

A veces me pregunto ¿quién eres?
A veces me pregunto ¿cómo llegaste a mí?
A veces me pregunto si estabas en mi destino,
o si mi destino era llegar hasta tí.

A veces me pregunto si eres real,
y para comprobarlo te quiero tocar,
lo hago y me vuelvo a preguntar,
¿de qué sirve?, si no me va a importar.

A veces te siento como un espíritu
que ronda a mi alrededor,
como esa vocecita interna
que me guía por el camino mejor.

A veces te siento sin estar,
tu presencia es inmaterial,
te veo a mi alrededor al despertar,
estás en mi mente al soñar.

A veces me pregunto ¿quién soy?
A veces me pregunto ¿cómo llegue a ti?
A veces me pregunto ¿qué sería mi destino?,
si no estuvieras aquí.

Eres la luz que me guía,
eres a veces palabras frías,
eres quien me hace entender la vida,
¿cómo pagarte tanta alegría?

Esa sensación

Esa sensación de una presencia celestial,
que me cuida cuando duermo y me sigue
acompañando al despertar.

Esa sensación de paz que me hace soñar,
que se mete en lo profundo y me llena
el corazón de libertad.

Esa sensación de estar soñando me vuelve a acompañar,
me sumerge en un mundo nuevo y me obliga a
dejarme llevar.

Esa sensación de temor porque este sueño pueda acabar,
vuelve a estar en mi mente, pero le pido
dulcemente que se aleje y me permita disfrutar.

Esa sensación de una presencia celestial
con dos ángeles a mi lado, se vuelve real,
me están siempre cuidando, ¿qué mal me puede pasar?

Fuerza interior

Una mente incesante,
una presión que domina,
una lucha constante,
un torrente que fulmina,
así de impresionante
es la fuerza que me habita.

Un espíritu itinerante,
que no sabe de autoestima,
un corazón palpitante
que a veces recrimina,
vuelve a mi alma desbordante
de pureza infinita.

Una conjugación redundante
que a los oídos lastima,
retumba en mi mente constante,
pero me ha cambiado la vida.

Palabras

Yo no he inventado las palabras,
todas estaban dadas ya,
yo uso las que me agradan
y las hago bailar un vals.

Agarro todas en un puño,
y al viento las hago volar,
las atrapa el cielo con orgullo,
y una nube las hace cantar.

A veces las pongo en un frasco,
las aderezo con pimienta y sal,
las agito y sirvo en un vaso,
y las ofrezco a quien se quiera inspirar.

Yo no busco las palabras,
pero ellas me encuentran igual,
mal haría en abandonarlas,
si son las que me hacen soñar.

Yo no he inventado las palabras,
las encuentro tapizando el mar,
me aparto y ellas me atrapan,
de fantasía llenan mi caminar.

Soy así

Soy mortal, es indudable,
frágil como una delgada capa de hielo,
flotando a veces en el cielo,
y que al caer se siente culpable.

Soy débil, de eso no hay duda,
con los sentimientos a flor de piel,
a veces muy dulce como la miel,
y desbordando en un tarro de ternura.

Soy sencilla, qué puedo decir,
el glamour no es para mí,
qué hay de malo en ser así,
a mí solo déjenme escribir.

Soy normal, quién lo diría,
y tuvo que pasar toda una vida,
de bajadas y subidas,
hasta que por fin lo entendería.

Soy abierta, eso sí,
aceptando lo que había mal en mí,
recibiendo con amor sin fin,
lo que ahora venga a mi existir.

Mi tierra

Ese maravilloso olor a tierra mojada,
el canto del gallo para anunciar la mañana,
el sol que penetra por la ventana
y se atreve a alumbrarme la cara.

Aquella montaña de retazos verdes formada,
un torogoz volando en lo alto,
en la radio El Carbonero sonando
y yo aire limpio respirando.

Campos de distintas tonalidades,
gente de piel muy bronceada,
caminos de tierra dorada
y el Maquilishuat en flor rebosando.

Aroma de café en la mañana,
brillo de esperanza en las miradas,
niños con sueños en sus mochilas cargadas,
y en la calle gente de sonrisa dibujada.

Es la pura verdad,
no es una realidad inventada,
así recuerdo a mi gente,
así recuerdo mi tierra amada.

Me pregunto

Me pregunto ¿quién propuso
dar nombre a nuestras tierras,
quitándoles la libertad?,
¿quién osó marcar fronteras
sin consultar a nadie más?

Me pregunto ¿quién pintó
tantas banderas
si no había necesidad?,
hizo palidecer el arcoíris
ahora ¿cómo lo vamos a recuperar?

Me pregunto ¿por qué la evolución
no ha podido evolucionar?,
el hombre contra el hombre,
¿a dónde iremos a parar?

Me pregunto ¿qué más se necesita
para de una vez reaccionar?,
destruyendo la naturaleza
de manera natural.

Me pregunto ¿dónde está
aquella persona que vagaba
por el mundo en libertad?,
Y que solo era eso: persona nada más…

La magia es así

No me preguntes más en qué me inspiro,
No tengo una respuesta, yo solo escribo.

Mis ojos de aquí para allá asombrados sin motivo
se ocupan de captar lo que alrededor ha ocurrido.
Todo es tan natural, no hay nada fingido,
es que el universo de su magia me hace testigo.

Los ojos ven mientras el corazón está observando,
el alma interpreta y las manos plasmando,
no hay secreto que develar,
todo está en la forma de mirarlo.
observar, observar
y de nuevo observar lo observado.

No me preguntes más en qué me inspiro,
solo disfruta de la magia, navega conmigo.

¿Cuánto vale un café?

El mío tiene un valor especial,
que no se paga con ninguna cantidad,
se disfruta de manera particular,
y se usa para compartir amistad.

Mi café es de una bonita tonalidad,
de puro calorcito a tierra natal,
cortado con manos que solo saben trabajar
y de un aroma que te hace suspirar.

Yo lo bebo en la mañana al despertar,
lo saboreo cualquier tarde en soledad,
me acompaña si inspirada logro estar,
me desvela cuando despierta quiero soñar.

Mi café no es una bebida nada más,
es un momento requerido de paz,
un desahogo en la intimidad,
un encuentro conmigo y mi libertad.

Igual que me transporta a otro lugar,
me hace vivir en el momento actual,
si en compañía lo quiero tomar,
siempre hay alguien que siente igual.

Un humeante café no me puede faltar,
a la hora de compartir y platicar,
cuando quiera escribir y al trabajar,
soy la taza que su esencia ha de guardar.

Dicen

Dicen que soy como el ave de la mañana,
aquel que al amanecer a los oídos encanta,
como el sol que aparece a través de la ventana,
que inunda de luz tu piel sin esperar nada.

Dicen que soy belleza por fuera y por dentro,
de esa que hace suspirar en cada encuentro,
cargada de ternura por todo el cuerpo,
que la deje escapar, que es el momento.

Dicen que tengo ojos hermosos y que no veo,
la belleza que hay frente a mi propio espejo,
que observe y vuelva a observar, que es mi reflejo,
que me abrace y me diga cuánto me quiero.

Dicen que soy algo más que solo un cuerpo,
soy cada parte, cada molécula de un universo,
que puedo volar, si así lo quiero,
que abra mis alas y emprenda el vuelo.

Dicen que deje de guardar con tanto celo,
lo que está en mi interior, que deje verlo;
que nada he de llevar a mi sueño eterno,
que la vida hay que vivirla momento a momento.

Dicen que tengo el poder de ser lo que quiero,
que si lo quiero con todo mi ser, todo lo puedo;
que no necesito cambiar, tan solo verlo;
que me deje llevar, como en un sueño.

Mi musa soy yo

Sin querer pecar de vanidosa,
de hecho con mucha modestia,
quiero ahora expresar una cosa,
que a nadie debe causar molestia.

Me he dado cuenta que soy valiosa,
estoy encontrando mi esencia,
el espejo me ha llamado hermosa,
y lo hizo en mi presencia.

Si antes me inspiraba cualquier cosa,
ahora aunque parezca incongruencia,
me inspira esa imagen tan buena moza,
esa que antes llenaba mi ausencia.

A veces siento que vuelo

En mi soledad, cuando no hay lamento,
en mi mundo ideal, cuando busco por dentro;
en este preciso lugar donde hoy me encuentro,
vuela todo mi ser, no se queda ni un fragmento.

Vuelan también mis manos, con sensual movimiento,
crean música, dirigiendo a las estrellas del firmamento;
baila el arcoíris siguiendo la melodía a paso muy lento,
todo se mueve al compás del ritmo que llevo dentro.

Vuelan mis sueños de amor y paz, se van muy lejos,
se van a donde quieran llegar, y yo los dejo;
porque conmigo siempre están, son mi reflejo,
mi reflejo vuela también, en un sueño eterno.

Pregúntale a la vida

No me preguntes a mí, en qué me inspiro,
pregúntale a la luna, ¿cómo logra sacar tantos suspiros?,
pregúntale al sol, ¿cómo pone en el cielo tanto colorido?,
pregúntales a las nubes, ¿cuántas formas han construido?

No me preguntes a mí, en qué me inspiro,
pregúntale a la noche ¿dónde tiene tanto misterio escondido?,
pregúntale al día, ¿cómo logra captar tanto brillo?,
pregúntale al tiempo, ¿dónde guarda tanto momento medido?

No me preguntes a mí, en qué me inspiro,
pregúntales a las aves, ¿cómo enamoran con su trino?,
pregúntale al viento, ¿por qué las hojas siguen su ritmo?,
pregúntale al rocío, ¿por qué moja mi rostro si no se lo pido?

No me preguntes a mí, en qué me inspiro,
pregúntale al corazón, ¿cómo ama tanto a veces sin sentido?,
pregúntale a la mente, ¿por qué se mantiene en un sueño
continuo?,
pregúntale al espíritu ¿por qué lucha con tanto ahínco?.

No me preguntes a mí, en qué me inspiro,
pregúntale a la vida, porque es la vida la que nos manda
motivos.

Elijo el bien

Soy mortal en un mundo atolondrado,
de aquí para allá todo está descontrolado,
me envuelve, como a todos, el ritmo acelerado,
me detengo y medito, en tono relajado.

A través de un suspiro en mi mundo apartado,
respiro profundo y dejo todo de lado,
necesito paz, es un momento inspirado,
momento de plasmar lo que la mente ha captado.

Alrededor todo está convulsionado,
el mundo está loco, no puedo soportarlo,
qué ha sido de aquel maravilloso pasado,
de aquellos niños que vivían soñando.

Así se siente la primavera

Como trinar de ave mañanera,
que pone música en mis oídos
y anuncia que un nuevo día me espera.

Como frio que algún abrigo quisiera,
y se calmaría con un cálido abrazo,
que yo misma te daría si pudiera.

Como roció que adorna una hoja cualquiera,
que se pierde con la lluvia,
y se escurre por donde quiera.

Como sol que se asoma por donde sea,
buscando un hueco entre las nubes y la cordillera,
brillando contento para alegrar la vida de cualquiera.

Como todo eso que a veces ignorar pudiera,
pero se clava en mi alma como flecha,
como todo eso, así se siente la primavera.

A través de mi ventana

A través de mi ventana,
bajo un resplandeciente cielo,
veo una blanca mañana,
y un ave alejándose a todo vuelo.

A través de mi ventana,
todo es blancura, todo es pureza,
y aunque todo parece calma,
el viento mueve las ramas con fuerza.

A través de mi ventana,
veo la nieve posada en la hojas,
es un paisaje que encanta,
no veo la hora de hacer con ella bolas.

A través de mi ventana,
el sol rehusando esconderse,
soy el dueño de la mañana!,
dice, pero vuelve a perderse.

A través de mi ventana,
desde una tibia habitación,
la nieve no enfría mi alma,
el calor lo provoca mi corazón.

A través de mi ventana,
el mundo se me hace infinito,
los pensamientos emanan,
y los quiero expresar en un grito.

A través de mi ventana,
veo a los niños alegres jugando,
nadie se queda con las ganas,
sus caritas veo disfrutando.

A través de mi ventana,
veo todo lo que quiero ver,
lo que a mi alma le da la gana,
lo veo o lo hago aparecer.

En tercera persona

He aquí, aquella que un día soñó,
con pintar la vida de todo color,
con hacer de éste, un mundo mejor,
con mostrar alegría donde había dolor.

He aquí, aquella que bailaba con su tierno son,
la cumbia sampuesana, era lo mejor,
agitando las manos, al ritmo de la canción,
provocando sonrisas en todo señor.

He aquí, aquella que un día dibujó,
casitas, arbolitos y personitas a montón,
pensando que esa sería su vida posterior,
dibujar por el mundo era su intención.

He aquí, la que nunca imaginó,
que su destino era otro, que no tenía la razón,
que mostraría los paisajes de la manera que son,
no con pincel, no con lápiz, sino con el corazón.

Noche bohemia

Una magia envuelve el ambiente
en medio de acordes musicales,
los versos fluyen sutilmente
de aquella boca surgen sensuales.

Versos sencillos se hacen presentes,
versos que a veces provocan suspiros,
gestos de amor muy elocuentes,
a los que todos los presentes caen rendidos.

De pronto la fuerza se apodera de las palabras,
un sentimiento de arrebato sin igual,
ese que ella es la única que sabe dominar,
y que hace los latidos acelerar.

Nos cautiva su mirada de profunda intensidad,
acompañada de movimientos,
a veces bruscos, a veces intensos,
pero con fuerza de verdad.

Y en un momento, la calma vuelve a reinar,
es el turno de aquella dama, que lee con suavidad,
sus poemas son de amor, su ternura es la que más,
con su porte de señora, lee hasta poner punto final.

Ahí estaban las tres bohemias
compartiendo lo que las hace vibrar,
cada una con sus versos,
cada una tiene algo que contar.

Viceversa

A veces las virtudes se vuelven defectos,
indicaciones de que nadie es perfecto.
a veces lastimo a los que más quiero,
y entre más quiero, más profundo el efecto.

A veces los defectos se vuelven virtudes,
ventanas que nos muestran nuestras similitudes.
a veces también me lastiman sus actitudes,
y debo aprender de esas vicisitudes.

No es a veces cuando la vida da vueltas,
la vida da vueltas de cualquier manera.
y si a veces comprenderla pretendiera,
la vida me diría que deje de entenderla.

No es a veces cuando intento vivir,
vivo pretendiendo que estoy aquí.
Intento ser yo, sin pretender confundir,
pero soy yo viviendo en un círculo sin fin.

A veces veo blanco lo que en realidad es negro,
aclaro mi mente y ahí está de nuevo.
A veces veo negro lo que en realidad es blanco,
mi mente a veces no puede con tanto.

Cosas de la vida

Hay cosas que me inspiran,
hay cosas que me fascinan,
hay cosas que también me matan,
y otras cosas que me calcinan.

Una sonrisa me provoca alegría,
me inspira a escribir historias de vida,
historias que a veces son solo fantasía,
pero se vuelven realidad cuando son compartidas.

Una mirada a veces me intimida,
me hace temblar, me siento perdida.
me hace sonrojar como niña desprotegida,
vulnera mi intimidad, me siento desvalida.

Un abrazo me llena de vida,
el corazón se agita con alegría,
los versos emanan sin medida,
en la mente no para la algarabía.

Una palabra puede oscurecer mi día,
lo hace cambiar, es magia perdida,
lo vuelve sombrío, le quita alegría,
me voy cabizbaja, me cambia la vida.

Hay cosas que me matan,
y otras tantas que también me inspiran.
ambas son esenciales, con cierta medida,
debo abrazarlas, mas no darles vida.

Lo que está dentro de mí

Lo que está dentro de mí a veces no tiene sentido,
veo mi reflejo como el de alguien desconocido,
se vuelve mi espejo la gente de andar distraído,
me maravilla el grandioso mundo de lo sencillo.

Lo que está dentro de mí, se vuelve divino,
cuando lo vivo y no pretendo encontrarle sentido,
encuentro mi esencia, está dentro mío,
la alegría es inmensa, cuando solo lo admito.

Lo que está dentro de mí, no es algo escondido,
lo demuestran mis ojos con su profundo brillo.
cualquiera lo ve, no es algo exclusivo,
quien casi nunca lo ve, es quien lo trae consigo.

Lo que está dentro de mí, es mi mayor motivo,
es belleza, es pureza, es amor infinito,
no necesita explicación, no necesita sentido,
esta ahí adentro, solo hay que vivirlo.

Dándole vuelta a la vida

Y yo que me he pasado la vida
intentando ser normal,
y la vida me ha enseñado,
que lo normal es anormal.

Y yo que me he pasado la vida
pretendiendo ser alguien más,
escondiendo mi esencia,
como si mi esencia no fuera especial.

Y yo que me he pasado la vida,
planeando sin actuar,
actuando, pretendiendo no pensar,
y pensando que vivir era algo más.

Y yo que me he pasado la vida,
estructurando a cual más,
poniendo en orden cada cosa,
y cada cosa en su lugar.

Y yo que me he pasado la vida,
fingiendo que nada está mal,
cuando lo malo es fingir,
y no aceptar la realidad.

Y yo que me he pasado la vida,
en un mundo irreal,
ahora que hago realidad mi mundo
de fantasía lo quiero llenar.

¡ Ahora soy!

Un día tuve la magia y me sentí especial,
un día fui el universo y mi mundo era la inmensidad,
un día fui luz que alumbraba la oscuridad,
un día fui guía y la gente me quería acompañar.

Ahora soy un ser de magia sin igual,
ahora soy universo de mi propia inmensidad,
ahora soy luz que por dentro me ha de alumbrar,
ahora soy compañía para quien me quiera llevar.

Ahora soy yo y no alguien más,
la que camina por el mundo que quiere caminar,
sin importar lo que digan todos los demás,
mi mundo es mío y lo quiero tal cual.

Mi mundo una inmensidad

Cerré los ojos y mi mundo se volvió una inmensidad.
invadido por la luz, mi cuerpo no paraba de brillar;
por dentro un vacio que en nada se parecía a la soledad.
todo era alegría y el corazón lo demostraba sin parar.

Mi espíritu libre, vagaba como ave en libertad,
mi alma satisfecha, rebosante de tanta bondad,
todo lo quiere compartir, todo lo quiere expresar,
los ojos no pierden detalle, la mano comienza a plasmar.

La historia se repite una vez y otra más,
es un círculo vicioso que termina y vuelve a comenzar
es uno de esos encuentros que me llenan de tranquilidad,
uno de esos momentos donde no necesito a nadie más.

Cada día es cada día

Un día me sentí morir,
y al otro vi que aun estaba aquí.
Un día me sentí feliz,
pero al siguiente todo estaba gris.

Un día soporté el dolor,
y al siguiente estaba llena de amor.
Un día la soledad fue mi compañía,
y al otro con demasiada gente no podía.

Un día quise cantar
y mi voz de tristeza se comenzó a quebrar.
Un día me sentí amada
y al otro, el miedo me embargaba.

Pero un día afortunadamente entendí
que cada día como cada día hay que vivir.

De subidas y de bajadas

Que tu vida va cuesta arriba,
vuelas alcanzado tus sueños,
que te sientes en la cima,
y del mundo te crees dueño.

De pronto un profundo dolor te embarga,
hay algo que oprime tu pecho,
que sientes no poder con la carga,
y te ves en un rincón maltrecho.

Que la alegría regresa a tu vida,
y quisieras gritarla a los vientos,
que la tristeza ya no tiene cabida,
y te olvidas de los malos momentos.

Y así vas por la vida, llorando o sonriendo,
unas veces erguida y otras con tropiezos.
La vida al final, es como un lienzo,
puedes pintarla de colores o dejarla en blanco y negro.

Sueños de libertad

Vive mi corazón cautivo,
cautivo el pájaro que quisiera volar,
vuelan los sueños de libertad,
se libera mi alma cuando empieza a soñar.

Sueña mi mente con aprender a volar,
vuelan mis sueños sin descansar,
descansan solo los que no saben soñar,
y así emprenden vuelo mis sueños de libertad.

Soñar dormida no es soñar,
es descansar la mente para volver a empezar.
Soñar despierta no es igual,
es construir el futuro y hacerlo realidad.

Mi hogar

Hogar es donde está tu corazón, dicen,
por eso yo tengo hogares a montón.
Es mi hogar un gesto de compasión,
una palabra amable, una mirada de amor.

Mi hogar es un regalo sin explicación,
un momento en silencio, melodía sin canción.
Mi hogar no tiene nombre, ni tampoco dirección,
no lo busques en un sitio, lo llevo dentro yo

Mi hogar son los amigos, que me acogen con amor,
los que me buscan cuando no lo pido,
los que preguntan: ¿cómo te fue hoy?
Aquellos que para visitarte no necesitan invitación.

Mi hogar es la familia a la que le sobra el perdón,
cuando casi te olvidas de ella, sin ninguna razón,
la que siempre está cerca sin poner condición,
esa que te ama con todo el corazón.

Amanece

Amanece y el frío se va disipando,
despierto entre sabanas tibias
que invitan a seguir descansando;
me muevo de un lado a otro
pues quiero seguir soñando;
con tener a mi lado el calor
de esa piel que tanto he buscado.

Aquella soledad tan mía
que no quería alejarse de mi lado,
aquella que me acompañaba
en cada estación del año,
se aleja poquito a poco,
y yo apenas me estoy enterando.

¿Dónde está?

Algo me despierta en la madrugada,
una musa se escurre entre mis sueños,
me deja profundamente inspirada
convirtiendo a los versos en dueños.

Al son de un alma inquietada,
surgen frases, versos pequeños,
se agregan las palabras deseadas,
y así nace un poema nuevo:

Dónde está aquella mujer apasionada,
que sabía expresar sus deseos,
que de ilusiones se sentía extasiada,
y escribía lo que llevaba por dentro.

Cuándo fue que su alma atormentada,
sucumbió al afán del momento,
permitió que el exceso la alimentara,
y la llevara por un equivocado sendero.

Cómo calmar esa mente abrumada,
cómo propiciar un nuevo encuentro,
cómo sentirse con la vida reconciliada,
y enviar al olvido los malos momentos.

No hay manera, la vida será la encargada,
de hacerla empezar de nuevo,
habrá que estar preparada,
y aprovechar de ella lo bueno.

Las palabras valen oro

No era yo protagonista,
ni siquiera lo intentaba,
me elogiaste con una sonrisa,
me sentí mucho más que halagada.

La conversación no estaba prevista,
pero cuánto la necesitaba,
tus palabras casi nublaron mi vista,
sentí cómo mi corazón se emocionaba.

Y de pronto me siento egoísta,
de guardarme lo que antes gritaba.
estos versos no estaban en mi lista,
pero han surgido gracias a tus palabras.

Ahora de nuevo me siento viva,
preparada para una nueva batalla,
aprovechando las cosas que me inspiran,
confiada en la vida que nunca me falla.

Vivir del aire

Que mi techo sea el cielo,
mi alimento sea el aire,
mi cama un manto verde
y así que nada me falte.

Que mi luz sean las estrellas,
que me cobije un sol radiante,
que mis pies marquen las huellas,
antes de que tenga que retirarme.

Que mi fortuna sea de aquellas
que no precise de bienes materiales,
pues sabemos que las cosas más bellas
fluyen libres como manantiales.

Que viva libre de querellas,
que la razón no me falle,
o que sean las estrellas,
las que resuelvan el detalle.

Es la mañana de un día

Es la mañana de un día,
es un día de cualquier semana,
una semana llena de alegría,
de esa alegría que sale del alma.

Es la mañana de un día,
amanezco escribiendo desde mi cama,
el sol no ha llegado todavía,
pero es cuando la inspiración emana.

Nubes grises veo allá arriba,
a través de mi ventana,
las musas aun escondidas,
a veces no las necesito para nada.

Es la mañana de un día,
el día perfecto para no hacer nada,
solo escribir de la vida,
o salir a vivirla y disfrutarla.

Mundos paralelos

Somos dos en un solo mundo,
buscando sueños por diferentes caminos,
forjando esperanzas en lo profundo,
y a veces viviendo realidades con pocos motivos.

Somos dos en un mismo cuerpo,
con un solo corazón palpitante,
haciendo doble el esfuerzo,
que debería ser uno, pero más grande.

Somos dos viajando en contra sentido,
acercándonos y alejándonos a cada segundo,
saliendo a buscar lo que no estaba perdido.
solo por no indagar un poco más profundo.

No son mundos paralelos como lo digo,
hay que dejar claro este punto,
es uno solo, pero está confundido,
se confunde siempre, así es su mundo.

Erase una tarde de domingo

Quietud, serenidad y a veces aburrimiento,
soledad, nostalgia, muchos recuerdos.
Es un domingo cualquiera, nada es nuevo,
debo buscar la manera de enriquecerlo.

Escribo y describo todo lo que está sucediendo,
todo a mi alrededor se transforma en un cuento,
nada es especial, es solo la manera de verlo
observar es dejar que todo se vuelva verso.

Con mis poemas quise contar todo lo que siento,
lo que mis sentidos ven a cada momento,
sin nada que ocultar, tirar todo al viento,
lo que no pueda sacar, entre líneas entenderlo.

Entrego todo mi ser en estos humildes versos,
versos que saben de paz, de amor y retos,
que pueden robar tu corazón en un momento,
o hacer volar tus sentidos sin ningún esfuerzo.

Es una tarde cualquiera, es buen momento,
para olvidar las penas y abrir el pecho,
llenarlo de alegría y gratos recuerdos,
con mis versos que ahora son tus propios versos.

CUANDO HABLA EL CORAZON

Un corazón vacío

Quiero un corazón vacío,
que sea capaz de soportar,
todas las noches de frío,
y así su llanto evitar.

Quiero un corazón indiferente,
distante como el que más,
tan lejano de la gente,
para que no sufra jamás.

Quiero un corazón de roca,
donde nada pueda penetrar,
ni aun las palabras que de tu boca,
con dulzura lo quieran intentar.

Quiero un corazón vacío,
al que nada pueda doblegar,
porque el que me diste Dios mío,
de pena me va a matar.

Al son del corazón

No soy poeta, pero tengo inspiración...
me gusta cantar, y no tengo entonación...
artista de cine,¡ja!... ni en la imaginación...
tal vez pueda al óleo pintar uno que otro bodegón...

Ser una estrella en realidad nunca ha sido mi fascinación...
ni siquiera tengo idea como se escribe una canción...
y tampoco me interesa aprender a bailar un danzón...
solo quiero que mis pasos vayan avanzando al compás del corazón.

Que todos me quieran, no es obligación...
pero dejar huella en cada uno, para mí es casi una obsesión.
no sé si lo lograre, pero intentarlo será mi misión.
y el día que tú correspondas igual, habré alcanzado mi mayor satisfacción.

Pseudo Poema de Amor

Un descuidado y endeble corazón
caminando contra el viento,
se desgarra en su intento
de encontrar una ilusión.

Tristes frases han surgido
de aquel corazón herido,
que cual castigo ha permitido
que ese tal Cupido lo eche al olvido.

¿Cómo pretendes ilusión,
escribir un poema de amor,
si no es suficiente la pasión,
cuando le falta la mitad al corazón?.

Pero tu intento será en vano,
mi pequeño ángel de amor,
pues pronto será un corazón sano
y estará sin tu ayuda amando con fervor.

Y cuando a lo largo del camino,
ese medio corazón encuentre su destino,
seguro que no habrá poder divino
que le impida ser un poema continuo.

Luna sin miel

Olvidaste acompañarme en una serenata,
no inspiraste para mí poemas que erizan la piel,
no llegaste a alumbrar mi ventana,
ni mi camino cuando tambaleaban mis pies.

No me dejaste contemplarte reflejada en el agua,
nunca comprobé si de verdad eras de queso,
nunca me guiaste navegando en mi piragua
nunca frente a tí me robaron un beso.

Te olvidaste de mí luna ingrata,
olvidaste que también soy un ser.
y si la verdad de mis palabras te delatan,
procura en el futuro no ser tan cruel.

Mejor que me invada la nostalgia

Ahora que de los míos estoy tan lejos,
muchas imágenes llenan mis recuerdos,
mis ojos solo muestran reflejos,
de aquellos familiares momentos.

No quiero sentarme a pensar,
en los bellos días pasados,
este es tiempo de celebrar,
y dejar los problemas de lado.

Quiero que me alcance la insensatez
para no preocuparme por nada,
también que me rebalse la inmadurez,
y como niña disfrutar la alborada.

Y antes que me mate la tristeza,
mejor que me invada la nostalgia,
que si no tengo para una fuerza,
para la otra siempre existe la magia.

Un segundo de ilusión

Una mirada de admiración,
una sonrisa de complicidad,
un instante de excitación,
penetrando en la intimidad.

Un fugaz instante de adulación,
sin pronunciar más que un saludo,
provocó esa sutil sensación,
que por dentro da vuelta a tu mundo.

Seguir tus pasos con su mirada,
tratando inútilmente disimular,
provoca en tí mucho más que una oleada,
de sensaciones que hacen al cuerpo temblar.

No fue mucho más que un instante,
pero ciertamente no se necesita más,
para sentirte en una nube flotante,
y no querer bajar de ella jamás.

Aquella sonrisa

Ella sale airosa del lugar,
caminando al son de su vestido,
sin siquiera ponerse a pensar,
que su mirada se cruzaría con la de aquel desconocido.

El viento mueve en ella su pelo,
mientras camina orgullosa,
él lanza su cigarrillo al suelo,
para contemplar mejor aquella vista hermosa.

El la sigue con su mirada,
ella simula no darse cuenta,
él la descubre emocionada,
ella sonríe y se sonroja inquieta.

Un saludo sutil sale de su boca,
al que ella responde naturalmente,
pero esa sonrisa la volvió loca,
y sueña con encontrarlo nuevamente.

Solo fue un encuentro casual,
de esos que todos hemos vivido,
pero que puso el mundo a girar,
alrededor de aquellos desconocidos.

Ella se aleja de reojo mirando,
él sigue intentando disimular,
ella se sube a su coche soñando,
él la mira y su sonrisa la vuelve a cautivar.

Más allá...

Más allá del horizonte
donde se juntan los caminos,
yo cruzare todos los montes
para al fin estar contigo.

Más allá de las estrellas,
donde orbitan otros mundos,
mes escurriré entre ellas,
para que al fin estemos juntos.

Más allá del arcoíris,
donde se encuentra el tesoro,
yo lo hare a un lado,
pues te quiero antes que al oro.

Más allá de los océanos,
donde el azul del agua es más profundo,
yo navegaré usando por remos mis manos,
para llegar a tí en tan solo un segundo.

Más allá del mismo cielo,
donde flotan nubes rosas,
yo levantaré mi vuelo,
para ver las cosas más hermosas.

¿Quién?

¿Quién pudiera ver el horizonte con tus ojos?,
¿quién tuviera tu dulce mirada?,
¿quién sin antes sucumbir a tus antojos,
se pudiera ver en ellos reflejada?

¿Quién pudiera penetrar en lo profundo,
hasta alcanzar lo inalcanzable?,
¿quién con un corazón iracundo
pudiera profanarlo sin sentirse culpable?

¿Quién estando ya tan dentro
fuera capaz de escurrirse por el alma,
descifrar en cada sentimiento
todo aquello que te roba la calma?

¿Quién pudiera recorrer por dentro
hasta el más escondido rincón?,
¿quién pudiera ser el centro
de ese tierno corazón?

Buscando la felicidad

Buscando la felicidad
yo me puse a navegar,
cerré los ojos sin dudar
que la habría de encontrar.

Y así preparado el terreno
con música y un toque de incienso,
el aroma me dice que es tiempo
de alejarme un momento del universo.

Me embarque en ese viaje
con la mayor seguridad,
de que no necesito equipaje,
que no hay nada que llevar.

Ya dentro recorro mi mente,
la puedo ver muy confundida,
le digo que tenga presente
que todo es parte de la vida.

Sigo avanzando sin miedo,
pues mi espíritu me guía,
y cuando sienta que no puedo,
él me mostrará la salida.

Aunque se ve oscuro no me arrepiento
de haber comenzado este viaje,
pues algo me está alumbrando por dentro
y me hace ver un hermoso paisaje.

He llegado a la altura del pecho,
justo frente a mi corazón,
y yo que lo creía maltrecho,
lo veo tan lleno de amor.

Soñando con quien te sueña

La noche se comienza a asomar,
y con ella el mago de los sueños;
el misterio envuelve su andar,
y en él los soñadores son dueños.

Los secretos que se querían guardar,
se escapan escurriéndose por el suelo;
se deslizan atravesando el umbral,
y se pierden provocando un revuelo.

La madrugada te sorprende despierta,
la hermosa luna acompaña tu desvelo;
en tu cara una sonrisa coqueta...
¡ah! imaginar quien sueña contigo es tu anhelo.

La mañana ya esta despuntando,
hay que volver a guardar los secretos;
ya habrá tiempo de seguir soñando
con quien te sueña, en un nuevo encuentro.

Solo lo suficiente

No quiero saber todo de tí,
solo quiero saber lo suficiente;
explorarte de manera sutil,
descubrir cada día algo diferente.

No me digas todo lo que sientes,
guarda un poco debajo de la almohada;
yo sabré si alguna vez mientes,
lo descubriré en tu profunda mirada.

No me entregues todo tu corazón,
reten un poco a puerta cerrada;
déjame a mí la ocasión,
de ganarlo sin marchas forzadas.

No augures quererme eternamente,
pueda que tu vida cambie de vía;
mejor es que te concentres,
en entregarme solo un poco día a día.

No me busques

Esa sensación de impotencia,
de querer tener todas las respuestas,
me hace volver a la conciencia,
que tan solo soy una más del planeta.

Perdón si no soy capaz
de calmar a tu alma inquieta,
perdón si esperabas algo más
que palabras huecas.
perdón si parece que nada me interesa.

Es solo que mi corazón
aun no tiene la fuerza
de abrazar a otro corazón
sin dejar escapar su propia tristeza.

No me busques cuando necesites
que alguien escuche tus penas.
no me busques si precisas
quien te abrace con fuerza.
no me busques si lo que quieres
es alguien que te comprenda.

No hace falta que me busques porque yo
ya estaré tocando a tu puerta.

Quiero sentir otra vez

Me enamoré una vez
con todos los sentidos,
ni a mi madre le conté
y no era amor prohibido.

Como un sueño se fue,
se lo fue llevando el olvido
la margarita que deshojé
nunca me dijo si me quiso.

Fue uno de esos amores
eternos pero sin sentido,
de esos que te visten de colores
y al final solo era rojo teñido.

Quiero volver a sentir
ese mismo escalofrío,
de cuando te rozan la piel
provocándote un suspiro.

Quiero un amor como aquel
que vuelva a robar mis sentidos,
quiero sentirme de nuevo mujer,
y no perderme en el olvido.

En medio de la noche

Y la noche se apodera de mí
me sumerge en su misterio,
ese donde la mente sutil
se vuelve malos pensamientos.

La imaginación no tiene fin,
inventa cualquier escenario,
todo lo que quiera sentir,
lo siente sin ningún reparo.

Los sentidos no quieren dormir
muchas sensaciones al tacto,
oigo mi cuerpo gemir,
y estremecerse en el acto.

Sin palabras

Tu mirada me dijo mucho,
pude sentirla penetrando mis pupilas,
y aunque tu voz no la escucho,
tu mano me lo confirmó al apretar la mía.

Tus ojos hicieron brillar los míos,
compartimos con gusto esa mirada,
aunque el lugar parecía sombrío,
la luz lo invadía pulgada por pulgada.

Las palabras salen sobrando,
cuando la magia viene del alma,
es el corazón el que está hablando,
la boca no necesita decir nada.

¿Quién, me pregunto yo quién?

¿Quién le robo la sonrisa
a aquella boca de miel,
y opacó la mirada
de aquellos ojos también?

¿Quién tuvo tal osadía,
me pregunto yo, quién?
¿quién se llevó la alegría
y olvidó acariciar esa piel?

¿Quién nunca le hizo un poema,
ni un corazón en papel?
¿quién se olvidó de la magia,
de entregarle todo su ser?

¿Quién dejando pasar el tiempo,
nunca dibujó en la pared,
dos corazones entrelazados,
olvidando flecharlos también?

¿Quién intentando remediarlo
grabaría en una nueva pared,
dos corazones renovados,
rebosantes, plagados de miel?

¿Quién escribiría ahora ese poema,
con la luna llena casi al amanecer,
con música celestial en escena,
y la inspiración a flor de piel?

Luna

Una sonrisa espontanea
se posa en mis labios
cada vez que tu luz
ilumina mi oscuridad.

Eres fuente infinita
de ternura y algo más,
como ingrediente de poemas
que solo saben enamorar.

Delicada fragancia
de sutil suavidad
que provoca un abrazo
imposible de acabar.

Criaturita de sonrisa traviesa,
de picardía sin estrenar,
me pregunto que sería esta vida
sin tí iluminando la inmensidad.

¿Cómo te explico?

¿Cómo te explico que me gustas?
¿cómo te explico que te quiero?
¿cómo hacerte ver que me asusta
que alguien te lo diga primero?

¿Cómo encontrar la manera?
¿cómo quitarme este miedo?
Tú ni supiste quién era,
y yo aquí queriéndote entero.

No te conozco en persona
y aun así te siento tan dentro,
a veces me pongo celosa;
si te hablan yo no me concentro.

Es una obsesión que disgusta
porque no sabes lo que siento
¿cómo te explico que me gustas?
¿cómo te explico que te quiero?

Amor platónico

Te observo en la distancia,
no sabes de mi existencia,
es como un sueño de infancia,
no adviertes mi presencia.

Te veo en mi mente,
te hablo y no me contestas,
tú llenas mi presente,
y no te das ni cuenta.

No es un amor inocente,
es tal vez falta de conciencia,
si solo uno es el que siente,
y el otro nunca se entera.

Parece una historia de novela,
con dos personajes en escena,
todo lo demás no interesa,
cuando el amor es el que reina.

Te observo en la distancia,
te veo en mi mente,
aquel sueño de infancia,
terminará cuando despierte.

Ella

Ella se cree una simple mortal,
lógico, su tierna conciencia
aun no alcanza a analizar,
que con sus alitas de ángel
me cubre, me arropa, me hace suspirar.

Ella, no se esfuerza, no lo intenta,
no hace nada, es algo natural,
se mueve, sonríe, no necesita más,
me mira, me toca, me habla sin hablar,
la miro, la toco, de ternura me va a matar.

Ella no es consciente, algún día lo será,
mientras tanto a mi mente llega una vez más,
escribo y escribo y presente vuelve a estar,
me acabo las palabras y como magia surgen más,
será porque son sentimientos no palabras nada más.

Ella no lo sabe y no sé si lo sabrá,
qué pasará en su tierna mente,
cómo poderla penetrar,
no importa, no hay nada que buscar,
su sonrisa es suficiente para iluminar.

Dime

Dime qué hago conmigo
cuando estoy sin ti,
que le digo al destino
si no estas ahí.

Dime qué hago conmigo
cuando estás tan lejos,
pensé que estabas aquí
y solo era un reflejo.

Dime qué hago conmigo
cuando estas ausente,
cómo hago que la vida
te ponga en mi presente.

¿Cómo nace un poema?

Un poema nace en un solo lugar,
donde la quietud debe reinar,
la magia llega desde la oscuridad
y las manos se mueven con suavidad.

Un poema surge proyectando el corazón,
haciéndolo brotar como flor al exterior,
mostrando lo mejor de su interior
para brindar placer a su ansioso receptor.

Un poema es expresar la sensación
de ese momento que roba tu atención,
haciéndote alcanzar otra dimensión,
sin más limitaciones que tu propia imaginación.

Un poema nace aquí y nace allá,
son palabras que flotan en la inmensidad,
solo hace falta que se dejen atrapar,
y se aderecen con amor sin piedad.

Todo se vuelve verso

Una mirada, un suspiro,
unas palabras, un gemido,
un silencio sin sentido,
o un grito adolorido.

Un paraíso escondido,
un pensamiento sencillo,
un corazón enternecido
o un amor echado al olvido.

Cualquier momento vivido,
el sol prodigando su brillo,
o la luna provocando un suspiro
pueden volverse un verso divino.

Se busca...

Busco por el mundo un corazón
tierno, delicado y comprensivo;
que me vuelva ajena a la razón,
que busque a la vida el mismo sentido.

Busco un corazón delirante,
que no pretenda dominar,
no importa que no sea elegante,
pero que sepa a una rosa tratar.

Busco un corazón valiente,
que no tema al mundo enfrentar,
con mucha fuerza ante la gente,
pero tierno en la intimidad.

Busco un corazón con coraje,
que no tema cometer errores;
que me acompañe en este viaje,
que ayude a disipar mis temores.

Mesa para dos

La silla al frente continúa vacía,
el café sabe a mitad de alegría,
cómo aprender que de nada valdría
que se llenara de algo que no tuviera vida.

El vacío al frente aun sabe a melancolía,
al café le hace falta dulzura todavía,
pero la vida en su particular maravilla,
crea una oportunidad nueva cada día.

La silla al frente comienza a tener energía,
una presencia que no se descifrar todavía,
pero que empieza a cambiar mi fe perdida,
cada vez que demuestro mi amor por mí misma.

Mi yo y yo en plena armonía,
agradeciendo al universo por estar viva,
viviendo este momento con algarabía,
e intentando compartirlo con quien me mira.

La silla al frente ahora está llena de vida,
un momento íntimo olvidando aquella simetría,
que me mantenía atada a una línea guía,
y que en algún momento se volvió vida vacía.

El café ahora me sabe mejor cada día,
disfruto su aroma y comparto mi alegría,
esa que me inspira a escribir sin medida,
que amarme así era lo que debía.

Ladronzuela

Mi pequeña ladronzuela,
que te robaste mi corazón sin pensar ni pretender;
que te apoderas de mi voluntad, así, sin querer;
que tienes cautiva mi alma desde antes de nacer.

Mi pequeña ladronzuela,
que te llevas mis versos cada vez que me miras,
y cuando no me miras también.
Que te metes en mis sueños cada noche,
impregnándolos de miel.
Que te has robado mi corazón,
y ni siquiera lo puedes entender.

Mi pequeña ladronzuela,
te robas todo de mí una y otra vez,
pero me dejas tu magia,
esa magia que solo tuya puede ser.

Pedido de Paris

No sé muy bien cuándo vendrás,
tampoco sé si de azul o de rosa te vestirás,
ni siquiera sé cómo te puedo llamar,
lo que sí sé, es que un mundo vendrás a iluminar.

Sin aun tenerte en sus brazos,
provocas mucho brillo en esa mirada,
seguro pensando ya tenerte en su regazo,
y ver tu carita junto a la suya en la almohada.

Sé que para tu llegada falta mucho todavía,
probablemente en Paris hay mucho tráfico,
pero tendrás que ver con cuanta alegría,
has transformado todo en un mundo mágico.

Pedacito de cielo

Te vi observando a las estrellas,
algo llamaba mucho tu atención,
pensaste que faltaba una de ellas,
pero te equivocaste, veías en otra dirección.

Seguiste observando sin parar,
sentías que algo andaba mal,
intentaste el misterio descifrar,
y algo volvió tu atención a desviar.

No eran aves volando contra el viento,
apenas se descifraban pero era una vista hermosa,
aquello que adornaba el firmamento,
eran ángeles volando entre nubes rosa.

Aquellos algodones pintaditos de amor,
eran un jardín de juegos flotante,
que parecían de un dulce sabor,
y tu querías probarlos al instante.

Pensaste que era algún sueño mágico,
que hizo al cielo cambiar de color,
si es así, despertar no era lógico,
pues que se acabara era tu temor.

De pronto algo te hizo caer en la cuenta,
y solo apartaste de la frente tu pelo,
sentiste aquella patadita discreta,
y entendiste que era tu pedacito de cielo.

Luna y Sol

No puede haber oscuridad
aunque por lógica se llame
eclipse lunar.

No se puede ocultar la magia
cuando dos astros se juntan
para jugar.

No se puede negar una sonrisa
cuando la mirada se posa en algo
que no se puede dejar de mirar.

No se puede evitar tanta ternura
cuando la luna quiere los rayos
del sol alcanzar.

No se puede disimular la alegría
que se desborda cuando estos dos
astros nos vienen a inspirar.

No se puede ser ajeno a la vida
cuando la vida nos pone enfrente
seres que nos hacen suspirar.

Esencia

No busques el calor de mi piel,
para abrigar tus noches de frío,
no busques a mis ojos
para poner en tus ojos el brío.

No quieras provocar con mi aliento
tu más profundo suspiro,
no desgarres mi alma escondiendo
lo que no puede estar escondido.

No pretendas escribir tu historia,
con experiencias sin sentido,
no gastes tu tiempo buscando
lo que ya está en tu destino.

Nunca encontrarás tu esencia,
en lo que está dentro mío,
solo es cuestión de conciencia
para encontrar tu propio brío.

Me mata tu mirada

Me matas cuando me miras en silencio,
me miras y matas mis malos momentos,
mis malos momentos mueren con los miedos,
pero mis miedos también son sentimientos,
y siento cómo me matas cuando me miras en silencio.

Me matas cuando me miras en silencio,
tus palabras mudas yo me las invento,
invento un cuento lleno de misterio,
me miento y arruino el sublime momento,
porque no se realmente descifrar tu silencio.

Me matas cuando me miras en silencio,
es un momento cargado que no comprendo,
a veces me matas con ternura sin freno,
a veces me muero, con tu mirada, de miedo.
Igual me matas, bien y mal, con tu silencio.

Si he de soñar

Si he de perderme,
quiero que sea en tu mirada,
en la profundidad de esos ojos,
que me tienen cautivada.

Si he de morirme,
que me muera abrazada,
y que la fuerza de ese abrazo,
me eleve a otra galaxia.

Si he de vivir
que mi vida este plagada
de amor, besos y abrazos
sin que me sienta abrumada.

Si he de soñar
que sueñe ilusionada,
y que mi sueño se convierta en realidad,
en esa realidad que soñaba.

Luna mágica

¿Qué te puedo decir que no te hayan dicho ya?
noche tras noche inspirando en algún lugar,
siempre encuentras a alguien a quien hacer suspirar,
y yo cuando te miro tampoco lo puedo evitar.

Te inundan las miradas desde cualquier lugar,
te comparten las almas dedicadas a soñar,
penetras las pupilas, de cualquier mortal,
embelesas a mujeres y hombres por igual.

Luna mágica que con tu luz inundas el mar
te reflejas en el agua para dar serenidad,
distorsionando tu imagen te pretendes ocultar,
pero es inútil, tu belleza te vuelve a delatar,

Luna mágica que aunque quieras no lo puedes evitar,
bajo algún balcón hay una serenata a punto de empezar,
corazón a corazón la magia se hace notar,
los acordes musicales invaden el lugar.

Luna mágica que no paras de inspirar,
versos y más versos que nunca acabarán,
los míos, los de todos, por aquí y por allá,
¿qué te puedo decir que no te hayan dicho ya?

Ana Evelin García Contreras, salvadoreña radicada en el estado de Washington, Estados Unidos; miembro desde 2014 del grupo de escritores **Seattle Escribe** y autora del libro **Corazón Guerrero**.

Contacto:
Ana Evelin García Contreras
evelin_garcon@hotmail.com

33937941R00075

Made in the USA
Middletown, DE
02 August 2016